NOS

Tradução e apresentação
Translation and introduction
ANA CAROLINA MESQUITA

VIRGINIA WOOLF

APRESENTAÇÃO

O ensaio "Pensamentos de paz durante um ataque aéreo", escrito em 1940 e publicado postumamente, é uma das mais vívidas meditações sobre a guerra já produzidas. Em meio a um bombardeio, sob o risco de ser morta a qualquer instante, Virginia Woolf reflete sobre as condições que originam a violência e sobre o papel das mulheres no conflito. "A qualquer momento uma bomba pode cair neste quarto. Um, dois, três, quatro, cinco, seis... passam-se os segundos", escreve ela, arrastando-nos para o instante em que todo o raciocínio se vê suprimido pelo terror durante uma situação extrema.

No verão de 1940, a casa dos Woolf em Rodmell estava mais exposta aos ataques aéreos do que Londres, que começaria a sofrer com maior intensidade nos meses subsequentes. Rodmell se situava a apenas seis quilômetros de distância de Newhaven, onde o exército alemão teria atracado caso a operação Leão Marinho tivesse sido levada a cabo. Naquele dia, a bomba não caiu – e portanto, para nossa sorte, Woolf continua escrevendo.

Sim: ela escreve sobre uma guerra em que os atacantes são homens e os defensores são homens, pois "não se dão armas à mulher inglesa". Porém se trata de uma guerra em que não há como ser livre, independentemente da posição em que nos encontremos, pois todos são prisioneiros: os homens em seus aviões, as mulheres em suas camas.

No entanto, em vez de ceder à desolação ou ao desespero, Woolf se aferra à ideia da paz enquanto realidade – e é isso o que talvez torne esse ensaio tão pungente. Existem outras formas de lutar, diz ela, talvez mais relevantes. É possível lutar com o pensamento, pois há outras mesas além daquelas das conferências e dos oficiais. Existe "a mesa do chá" – o espaço doméstico, onde se criam e se reproduzem ideologias. E é nela onde, justamente, são as mulheres que podem cortar na origem os princípios que geram novos Hitlers. Ali podemos enaltecer o impulso de vida e de criação enquanto valor, sufocando o desejo de escravidão e domínio: podemos semear a vida, desde que o solo dos nossos ideais não seja de pura pedra.

ANA CAROLINA MESQUITA

PENSAMENTOS DE PAZ DURANTE UM ATAQUE AÉREO

Os alemães sobrevoaram esta casa na noite passada e na anterior. Aqui estão eles de novo. É uma experiência estranha, ficar deitada no escuro ouvindo o zumbido de uma vespa que a qualquer momento pode matar você com uma ferroada. É um som que interrompe qualquer pensamento contínuo e racional sobre a paz. E, no entanto, é um som que – muito mais que as orações e os hinos nacionais – deveria nos impelir a pensar sobre a paz. Se não pensarmos na paz como uma realidade, nós – não este corpo específico nesta cama específica, mas os milhões de corpos que ainda estão por nascer – iremos jazer na mesma escuridão e escutaremos o mesmo estrépito da morte acima das nossas cabeças. Pensemos no que podemos fazer para criar o único abrigo antiaéreo realmente eficiente enquanto, na colina, as baterias disparam ta ta ta ta ta e os holofotes, como enormes dedos, se infiltram nas nuvens, e vez ou outra, às vezes ao alcance da mão, às vezes muito à distância, cai uma bomba.

No alto do céu, jovens ingleses e jovens alemães lutam uns contra os outros. Os defensores são homens, os atacantes são homens. Não se dão armas à mulher inglesa, nem para lutar contra o inimigo, nem para se defender. Ela tem de se deitar desarmada à noite. No entanto, se acreditar que a luta que está sendo travada no céu é uma luta dos ingleses para defender a liberdade, e dos alemães para destruir a liberdade, ela deverá lutar, o máximo que puder, ao lado dos ingleses. Como pode ela lutar sem armas de fogo? Produzindo armas, ou roupas, ou alimentos. Mas existe outra maneira de lutar sem armas pela liberdade; podemos lutar usando a mente. Podemos conceber ideias que ajudarão o jovem inglês que está combatendo nos céus a derrotar o inimigo.

Mas para que as ideias se tornem efetivas, devemos ser capazes de dispará-las. Devemos colocá-las em ação. E a vespa no céu desperta outra vespa na mente. Esta manhã uma delas zumbia pelo *The*

Times – a voz de uma mulher dizendo: "As mulheres não têm voz na política". Não há mulheres no ministério; nem em qualquer cargo de responsabilidade. Todos os estrategistas que estão em posição de efetivar ideias são homens. Esse é um pensamento que afoga a reflexão e incentiva a irresponsabilidade. Por que não enterrar a cabeça no travesseiro, fechar os ouvidos e cessar essa atividade fútil de ter ideias? Porque existem outras mesas além das mesas de oficiais e das mesas de conferências. Não deixaremos o jovem inglês sem uma arma que lhe pode ser valiosa, se abrirmos mão da reflexão íntima, da reflexão à mesa do chá, porque parece inútil? Não estaremos evidenciando nossa incapacidade porque nossa capacidade nos expõe talvez aos desmandos, talvez ao ódio? "Não cessarei a luta mental", escreveu Blake.[1] E a luta mental significa pensar contra a corrente, não com ela.

A corrente flui rápida e raivosa. Traz consigo uma série de palavras dos alto-falantes e dos políticos. Todos os dias eles nos dizem que somos um povo livre, lutando em defesa da liberdade. Foi essa corrente que, num turbilhão, carregou o jovem aviador para o alto do céu e o mantém ali, rondando entre as nuvens. Aqui embaixo, com um teto sobre nossas cabeças e uma máscara de gás à mão, é nossa tarefa perfurar balões de gás e descobrir sementes de verdade. Não é verdade que somos livres. Ambos somos prisioneiros esta noite – ele encaixotado na sua máquina, com uma arma à mão; nós deitados no escuro, com uma máscara de gás à mão. Se fôssemos livres estaríamos lá fora, dançando, no teatro, ou sentados à janela conversando. O que nos impede? "Hitler!", berram os alto-falantes em uníssono. Quem é Hitler? O que ele é? A agressividade, a tirania, o amor insano pelo poder tornado manifesto, respondem eles. Destruam-no, e serão livres.

O zumbido dos aviões agora mais parece um galho sendo serrado nas alturas.

Dá voltas e mais voltas, serrando o galho bem em cima da casa. Outro som começa a abrir caminho, serrando até nosso cérebro. "As mulheres capazes" – era Lady Astor que falava no *The Times* esta manhã – "são tolhidas devido ao hitlerismo inconsciente no coração dos homens." Decerto que somos tolhidas. Somos igualmente prisioneiros esta noite – os homens ingleses em seus aviões, as mulheres inglesas em suas camas. Mas se parar para pensar, ele poderá acabar morto; e nós também. Pensemos então por ele. Tentemos arrastar até a consciência o hitlerismo inconsciente que nos tolhe. Ele é o desejo de agressão; o desejo de dominar e escravizar. Mesmo no escuro podemos enxergar isso com clareza. Podemos ver o esplendor nas vitrines das lojas; e mulheres olhando; mulheres pintadas; mulheres arrumadas; mulheres com lábios carmesim e unhas carmesim. São escravas tentando escravizar. Se pudéssemos nos libertar da escravidão, libertaríamos os homens da tirania. Os Hitlers são gerados por escravas.

Uma bomba cai. Todas as janelas chacoalham. As baterias antiaéreas entram em ação. No alto da colina, sob uma rede rajada de matéria verde e marrom a fim de imitar as tonalidades das folhas de outono, elas estão escondidas. Agora todas disparam a um só tempo. O rádio das nove horas informará que "Quarenta e quatro aviões inimigos foram abatidos esta noite, dez deles por armamento antiaéreo". E um dos termos de paz, dizem os alto-falantes, é o desarmamento. No futuro não haverá mais armas, nem exército, nem marinha, nem força aérea. Os rapazes não serão mais treinados para lutar com armas. Isso desperta mais uma vespa nas câmaras do cérebro – outra citação. "Combater um inimigo real, conquistar honra e glória imortais por ter abatido completos desconhecidos e retornar com o peito coberto de medalhas e condecorações, esse era o ápice da minha esperança... A isso dediquei toda a minha vida até então, minha educação, meu treinamento, tudo..."[2]

Essas são as palavras de um jovem inglês que combateu na guerra passada. Diante delas, será que os atuais pensadores acreditam sinceramente que apenas por escreverem "desarmamento" numa folha de papel em uma mesa de conferência terão feito o que é necessário? O cargo de Otelo desaparecerá; mas Otelo continuará sendo Otelo. Não são apenas as vozes dos alto-falantes que movem o jovem aviador no alto dos céus; são as vozes dentro dele mesmo – antigos instintos, instintos fomentados e aclamados pela educação e pela tradição. Devemos culpá-lo por tais instintos? Seria possível desligar o instinto materno à cabeceira de uma mesa cheia de políticos? Digamos que um dos imperativos dos termos de paz fosse: "A gestação deverá se restringir a uma classe reduzidíssima de mulheres especialmente selecionadas" – acaso nós o aceitaríamos? Não diríamos: "O instinto materno é a glória de uma mulher, a isso dediquei toda a minha vida, minha educação, meu treinamento, tudo...". Mas, se pelo bem da humanidade, pela paz no mundo, fosse necessário restringir a gestação, abafar o instinto materno, as mulheres tentariam fazê-lo. Os homens as ajudariam. Eles as homenageariam pela sua recusa em ter filhos. Dariam a elas outras vias para os seus poderes de criação. Isso também deve fazer parte da nossa luta pela liberdade. Devemos ajudar os jovens ingleses a arrancar de dentro de si o amor por medalhas e condecorações. Devemos criar mais atividades honrosas para aqueles que tentam dominar em si mesmos seu instinto de lutar, seu hitlerismo inconsciente. Devemos compensar o homem pela perda da sua arma.

Lá em cima aumentou o barulho da serra. Todos os holofotes estão eretos. Apontam um lugar exatamente acima deste telhado. A qualquer momento uma bomba pode cair neste quarto. Um, dois, três, quatro, cinco, seis... passam-se os segundos. Não caiu a bomba. Mas, durante esses segundos de suspense, parou o pensamento. Todo sentimento, exceto o de terror dormente, cessou. Um prego fixava o ser inteiro numa tábua dura. De modo que é estéril, infértil, a emoção do medo e do ódio. Tão logo o medo se vai, a mente se expande e instintivamente revive, buscando criar. Como o quarto está às escuras, só lhe é possível criar a partir da memória. Ela se expande até outros agostos – em Beirute, ouvindo Wagner; em Roma, caminhando pela Campagna; em Londres. Voltam as vozes dos amigos. Retornam fragmentos de poemas. Cada um desses pensamentos, mesmo que na memória, era muito mais positivo, reanimador, terapêutico e criativo do que esse terror dormente feito de ódio e medo. Portanto, se quisermos compensar esse jovem rapaz pela perda de sua glória e de sua arma, devemos dar a ele acesso aos sentimentos criadores. Devemos gerar felicidade, libertá-lo de sua máquina. Trazê-lo de sua prisão para o ar livre. Mas de que adianta libertar o jovem inglês se o jovem alemão e o jovem italiano continuarem escravos?

Agora os holofotes, percorrendo a planície, localizaram o avião. Desta janela é possível ver um pequenino inseto prateado revirando-se e retorcendo-se sob a luz. As baterias disparam, ta ta ta. Depois param. Provavelmente o invasor foi abatido atrás do morro. Outro dia um dos pilotos aterrissou em segurança em um campo aqui perto. Disse aos seus captores, num inglês bem razoável: "Que alegria que essa luta acabou!". Então um inglês lhe ofereceu um cigarro e uma inglesa lhe preparou uma xícara de chá. Isso parece demonstrar que, se pudermos libertar o homem da máquina, a semente não cai em um solo de pura pedra. A semente pode ser fértil.

Finalmente todos os disparos cessaram. Apagaram-se todos os holofotes. Retorna a escuridão normal de uma noite de verão.

Novamente se ouvem os sons inocentes do campo. Uma maçã cai no chão com um baque. Uma coruja pia, voando de árvore em árvore. E algumas palavras quase esquecidas de um antigo escritor inglês vêm à mente: "Os caçadores já estão de pé na América...".[3] Mandemos então essas notas fragmentárias aos caçadores que estão de pé na América, aos homens e mulheres cujo sono ainda não foi interrompido pelos disparos das metralhadoras, na crença de que as repensem generosa e caridosamente, e talvez as transformem em algo útil. E agora, na metade sombreada do mundo, vamos dormir.

NOTAS

1 Referência ao verso do poema "Jerusalem", de William Blake: "I will not cease from Mental Fight." (c. 1808).
2 Franklin Lushington, *Portrait of a Young Man* (1940).
3 Trad. livre: "The huntsmen are up in America". *The Garden of Cyrus* (1658), de Thomas Browne (1605-82).

NOTA SOBRE A TRADUTORA

ANA CAROLINA MESQUITA é tradutora, doutora em Letras pela Universidade de São Paulo (USP) e autora de tese que envolveu a tradução e análise dos diários de Virginia Woolf. Foi pesquisadora visitante na Columbia University e na Berg Collection, em Nova York, onde estudou modernismo britânico e trabalhou com os manuscritos originais dos diários. É dela também a tradução de: *Um esboço do passado* (2020), *A morte da mariposa* (2021), *Sobre estar doente* (cotradução, 2021) e também do *Diário I: 1915–1918* (2021). Todos eles publicados pela Editora Nós.

INTRODUCTION

Written in 1940 and published posthumously, "Thoughts on Peace in an Air Raid" is one of the most vivid meditations on war ever produced. While German planes dropped bombs and at the risk of being killed at any moment, Virginia Woolf reflects both on the conditions that lead to violence and the role of women in the conflict. "At any moment a bomb may fall on this very room. One, two, three, four, five, six... the seconds pass", she writes, dragging us up to the moment when terror suppresses all reasoning amidst an extreme situation.

In the summer of 1940, the Woolfs' house in Rodmell was very much exposed to air raids, even more than London, which would begin to suffer more intensely in the following months. Rodmell was merely three miles away from Newhaven, where the German army would have landed had Operation Sea Lion been carried out. That day, fortunately, the bomb does not fall in Monk's House - and thus Woolf continues writing.

Yes, she writes about a war in which attackers are men and defenders are men, for "arms are not given to Englishwomen." However, regardless of one's position, no freedom is possible in such a war because we are all prisoners: men in their planes, women in their beds.

Instead of giving in to desolation or despair, Woolf clings to the idea of peace as a reality - which is perhaps what makes this essay so poignant. There are other ways of fighting, she claims, maybe even more relevant ones. We can fight through thinking, for there are tables other than the conference and the officer ones. There is the "tea table"– the sphere of domesticity, where ideologies are born and reproduced. There, precisely, women are the ones who can nip the very principles that engender Hitlers. There, it is possible to praise the impulse of life and creativity as a value, stifling the desire to enslave and subjugate. There we may sow life, as long as the ground of our ideals is not one of pure stone.

ANA CAROLINA MESQUITA

THOUGHTS ON
PEACE IN
AN AIR RAID

The Germans were over this house last night and the night before that. Here they are again. It is a queer experience, lying in the dark and listening to the zoom of a hornet which may at any moment sting you to death. It is a sound that interrupts cool and consecutive thinking about peace. Yet it is a sound—far more than prayers and anthems—that should compel one to think about peace. Unless we can think peace into existence we—not this one body in this one bed but millions of bodies yet to be born—will lie in the same darkness and hear the same death rattle overhead. Let us think what we can do to create the only efficient air-raid shelter while the guns on the hill go pop pop pop and the searchlights finger the clouds and now and then, sometimes close at hand, sometimes far away a bomb drops.

Up there in the sky young Englishmen and young German men are fighting each other. The defenders are men, the attackers are men. Arms are not given to Englishwomen either to fight the enemy or to defend herself. She must lie weaponless tonight. Yet if she believes that the fight going on up in the sky is a fight by the English to protect freedom, by the Germans to destroy freedom, she must fight, so far as she can, on the side of the

English. How far can she fight for freedom without firearms? By making arms, or clothes or food. But there is another way of fighting for freedom without arms; we can fight with the mind. We can make ideas that will help the young Englishman who is fighting up in the sky to defeat the enemy.

But to make ideas effective, we must be able to fire them off. We must put them into action. And the hornet in the sky rouses another hornet in the mind. There was one zooming in *The Times* this morning—a woman's voice saying, "Women have not a word to say in politics." There is no woman in the Cabinet; nor in any responsible post. All the idea makers who are in a position to make ideas effective are men. That is a thought that damps thinking, and encourages irresponsibility. Why not bury the head in the pillow, plug the ears, and cease this futile activity of idea making? Because there are other tables besides officer tables and conference tables. Are we not leaving the young Englishman without a weapon that might be of value to him if we give up private thinking, tea-table thinking, because it seems useless? Are we not stressing our disability because our ability exposes us perhaps to abuse, perhaps to contempt? "I will not cease from mental fight", Blake wrote. Mental fight means thinking against the current, not with it.

The current flows fast and furious. It issues in a spate of words from the loudspeakers and the politicians. Every day they tell us that we are a free people, fighting to defend freedom. That is the current that has whirled the young airman up into the sky and keeps him circling there among the clouds. Down here, with a roof to cover us and a gas mask handy, it is our business to puncture gas bags and discover seeds of truth. It is not true that we are free. We are both prisoners tonight—he boxed up in his machine with a gun handy; we lying in the dark with a gas mask handy. If we were free we should be out in the open, dancing, at the play, or sitting at the window talking together. What is it that prevents us? "Hitler!" the loudspeakers cry with one voice. Who is Hitler? What is he? Aggressiveness, tyranny, the insane love of power made manifest, they reply. Destroy that, and you will be free.

The drone of the planes is now like the sawing of a branch overhead. Round and round it goes, sawing and sawing at a branch directly above the house. Another sound begins sawing its way into the brain. "Women of ability"—it was Lady Astor speaking in *The Times* this morning—"are held down because of a subconscious Hitlerism in the hearts of men." Certainly we are held down. We are equally prisoners tonight—the Englishmen in their planes, the Englishwomen in their beds. But if he stops to think he may be killed; and we too. So let us think for him. Let us try to drag up into consciousness the subconscious Hitlerism that holds us down. It is the desire for aggression; the desire to dominate and enslave. Even in the darkness we can see that made visible. We can see shop windows blazing; and women gazing; painted women; dressed-up women; women with crimson lips and crimson fingernails. They are slaves who are trying to enslave. If we could free ourselves from slavery we should free men from tyranny. Hitlers are bred by slaves.

A bomb drops. All the windows rattle. The anti-aircraft guns are getting active. Up there on the hill under a net tagged with strips of green and brown stuff to imitate the hues of autumn leaves guns are concealed. Now they all fire at once. On the nine o'clock radio we shall be told "Forty-four enemy planes were shot down during the night, ten of them by anti-aircraft fire." And one of the terms of peace, the loudspeakers say, is to be disarmament. There are to be no more guns, no army, no navy, no air force in the future. No more young men will be trained to fight with arms. That rouses another mind-hornet in the chambers of the brain—another quotation. "To fight against a real enemy, to earn undying honor and glory by shooting total strangers, and to come home with my breast covered with medals and decorations, that was the summit of my hope... It was for this that my whole life so far had been dedicated, my education, training, everything..."

Those were the words of a young Englishman who fought in the last war. In the face of them, do the current thinkers honestly believe that by writing "Disarmament" on a sheet of paper at a conference table they will have done all that is needful? Othello's occupation will be gone; but he will remain Othello. The young airman up in the sky is driven not only by the voices of loudspeakers; he is driven by voices in himself—ancient instincts, instincts fostered and cherished by education and tradition. Is he to be blamed for those instincts? Could we switch off the maternal instinct at the command of a table full of politicians? Suppose that imperative among the peace terms was: "Childbearing is to be restricted to a very small class of specially selected women", would we submit? Should we not say, "The maternal instinct is a woman's glory. It was for this that my whole life has been dedicated, my education, training, everything...". But if it were necessary for the sake of humanity, for the peace of the world, that childbearing should be restricted, the maternal instinct subdued, women would attempt it. Men would help them. They would honor them for their refusal to bear children. They would give them other openings for their creative power. That too must make part of our fight for freedom. We must help the young Englishmen to root out from themselves the love of medals and decorations. We must create more honorable activities for those who try to conquer in themselves their fighting instinct, their subconscious Hitlerism. We must compensate the man for the loss of his gun.

The sound of sawing overhead has increased. All the searchlights are erect. They point at a spot exactly above this roof. At any moment a bomb may fall on this very room. One, two, three, four, five, six… the seconds pass. The bomb did not fall. But during those seconds of suspense all thinking stopped. All feeling, save one dull dread, ceased. A nail fixed the whole being to one hard board. The emotion of fear and of hate is therefore sterile, unfertile. Directly that fear passes, the mind reaches out and instinctively revives itself by trying to create. Since the room is dark it can create only from memory. It reaches out to the memory of other Augusts—in Bayreuth, listening to Wagner; in Rome, walking over the Campagna; in London. Friends' voices come back. Scraps of poetry return. Each of those thoughts, even in memory, was far more positive, reviving, healing and creative than the dull dread made of fear and hate. Therefore if we are to compensate the young man for the loss of his glory and of his gun, we must give him access to the creative feelings. We must make happiness. We must free him from the machine. We must bring him out of his prison into the open air. But what is the use of freeing the young Englishman if the young German and the Young Italian remain slaves?

The searchlights, wavering across the flat, have picked up the plane now. From this window one can see a little silver insect turning and twisting in the light. The guns go pop pop pop. Then they cease. Probably the raider was brought down behind the hill. One of the pilots landed safe in a field near here the other day. He said to his captors, speaking fairly good English, "How glad I am that the fight is over!"

Then an Englishman gave him a cigarette, and an English woman made him a cup of tea. That would seem to show that if you can free the man from the machine, the seed does not fall upon altogether stony ground. The seed may be fertile.

At last all the guns have stopped firing. All the searchlights have been extinguished. The natural darkness of a summer's night returns. The innocent sounds of the country are heard again. An apple thuds to the ground. An owl hoots, winging its way from tree to tree. And some half-forgotten words of an old English writer come to mind: "The huntsmen are up in America..." Let us send these fragmentary notes to the huntsmen who are up in America, to the men and women whose sleep has not yet been broken by machine-gun fire, in the belief that they will rethink them generously and charitably, perhaps shape them into something serviceable. And now, in the shadowed half of the world, to sleep.

ABOUT THE TRANSLATOR

ANA CAROLINA MESQUITA, a translator, holds a PhD in Literature Studies at Universidade de São Paulo (USP). Her thesis consisted of the analysis and translation of Virginia Woolf's diaries into Brazilian Portuguese. She was a visiting researcher at Columbia University and at the Berg Collection, in New York, where she furthered her studies on British modernism and worked on the manuscripts of Woolf's diaries. Mesquita also translated *A Sketch of the Past* (2020), *The Death of the Moth* (2021), *On Being*

Ill (2021, co-translation), and the first volume of Woolf's diaries (1915–1918), all published by Editora Nós.

Dados Internacionais de Catalogação na Publicação (CIP)
de acordo com ISBD

W913p
Woolf, Virginia
   Pensamentos de paz durante um ataque aéreo /
Virginia Woolf
   Título original: *Thoughts on Peace in an Air Raid*
   Tradução: Ana Carolina Mesquita
   Edição bilíngue: português e inglês
   São Paulo: Editora Nós, 2021
   64 pp.

ISBN: 978-65-86135-31-2

1. Literatura inglesa. 2. Ensaio. I. Mesquita, Ana Carolina.
II. Título

2021-2061   CDD 823   CDU 821.111

Elaborado por Vagner Rodolfo da Silva, CRB-8/9410

Índice para catálogo sistemático:
1. Literatura inglesa 823
2. Literatura inglesa 821.111

Todos os direitos desta edição
reservados à Editora NÓS
www.editoranos.com.br

© Editora NÓS, 2021

Direção editorial *Editorial Coordination*
SIMONE PAULINO
Assistente editorial *Editorial Assistant*
JOYCE DE ALMEIDA
Projeto gráfico *Graphic Design*
BLOCO GRÁFICO
Assistente de design *Design Assistant*
STEPHANIE Y. SHU
Preparação *Copydesk*
ANA LIMA CECILIO
Revisão *Proofreading*
ALEX SENS

Imagem de capa e pp. 32–33:
© National Portrait Gallery

1ª reimpressão, 2022

Texto atualizado segundo o novo
Acordo Ortográfico da Língua Portuguesa.

Fontes *Typefaces*
GALAXIE COPERNICUS, TIEMPOS
Papel *Paper*
PÓLEN BOLD 90 g/m²
Impressão *Printing*
MAISTYPE